읽으면서 바로 써먹는
어린이 고사성어 따라쓰기

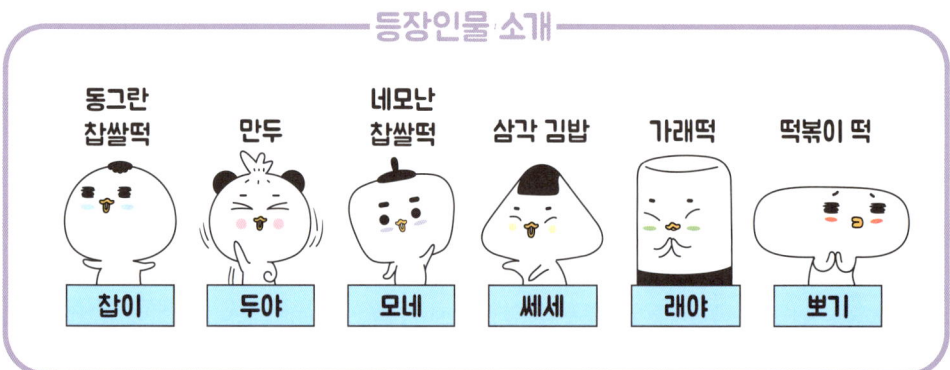

등장인물 소개

- 동그란 찹쌀떡 — 찹이
- 만두 — 두야
- 네모난 찹쌀떡 — 모네
- 삼각 김밥 — 쎄세
- 가래떡 — 래야
- 떡볶이 떡 — 뽀기

일러두기

* 표시된 한자는 획순이 복잡하여 글자가 많이 가려져 번호 획순을 넣지 않았습니다.

읽으면서 바로 써먹는

어린이 고사성어 따라쓰기

글·그림 한날

차례

ㄱ ㄴ ㄷ

- 01 각골난망 ... 14
- 02 각양각색 ... 16
- 03 감언이설 ... 18
- 04 개과천선 ... 20
- 05 격세지감 ... 22
- 06 견물생심 ... 24
- 07 결초보은 ... 26
- 08 고진감래 ... 28
- 09 과유불급 ... 30
- 10 괄목상대 ... 32
- 11 군계일학 ... 34
- 12 권선징악 ... 36
- 13 금상첨화 ... 38
- 14 금시초문 ... 40
- 15 기사회생 ... 42
- 16 난형난제 ... 44
- 17 노심초사 ... 46
- 18 다다익선 ... 48
- 19 다사다난 ... 50
- 20 다재다능 ... 52
- 21 대기만성 ... 54
- 22 동고동락 ... 56
- 23 동문서답 ... 58
- 24 동상이몽 ... 60
- 25 두문불출 ... 62

ㅁ ㅂ ㅅ

- 26 마이동풍 ... 66
- 27 막상막하 ... 68
- 28 명실상부 ... 70
- 29 무용지물 ... 72
- 30 박장대소 ... 74
- 31 배은망덕 ... 76
- 32 백골난망 ... 78
- 33 백전백승 ... 80
- 34 비몽사몽 ... 82
- 35 사리사욕 ... 84
- 36 사면초가 ... 86
- 37 사생결단 ... 88
- 38 사필귀정 ... 90
- 39 살신성인 ... 92
- 40 삼고초려 ... 94
- 41 새옹지마 ... 96
- 42 선견지명 ... 98
- 43 설상가상 ... 100
- 44 소탐대실 ... 102
- 45 속수무책 ... 104
- 46 수수방관 ... 106
- 47 시기상조 ... 108
- 48 신출귀몰 ... 110
- 49 심사숙고 ... 112
- 50 십중팔구 ... 114

ㅇ

51 어부지리	118
52 역지사지	120
53 오리무중	122
54 오매불망	124
55 온고지신	126
56 와신상담	128
57 외유내강	130
58 용두사미	132
59 우왕좌왕	134
60 우유부단	136
61 우이독경	138
62 위풍당당	140
63 유비무환	142
64 이심전심	144
65 인과응보	146
66 인산인해	148
67 일거양득	150
68 일장춘몽	152
69 일취월장	154
70 임기응변	156
71 임전무퇴	158
72 입신양명	160

ㅈ ㅊ ㅌ ㅍ ㅎ

73 자업자득	164
74 자포자기	166
75 작심삼일	168
76 적반하장	170
77 전화위복	172
78 조삼모사	174
79 좌정관천	176
80 좌충우돌	178
81 주객전도	180
82 죽마고우	182
83 지피지기	184
84 천고마비	186
85 청출어람	188
86 초지일관	190
87 촌철살인	192
88 칠전팔기	194
89 짐소봉대	196
90 타산지석	198
91 토사구팽	200
92 파죽지세	202
93 풍비박산	204
94 풍전등화	206
95 학수고대	208
96 함흥차사	210
97 형설지공	212
98 호시탐탐	214
99 화룡점정	216
100 희로애락	218

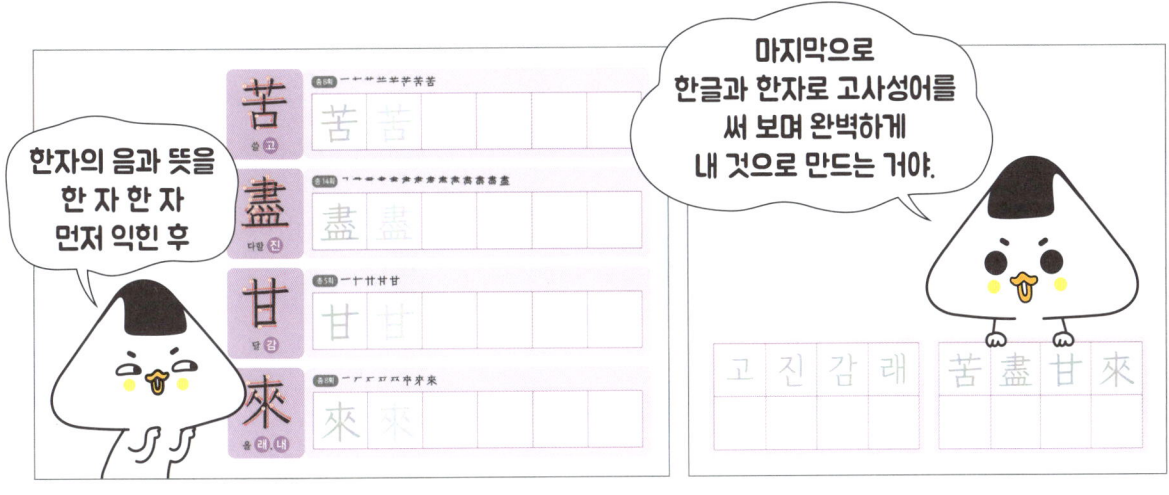

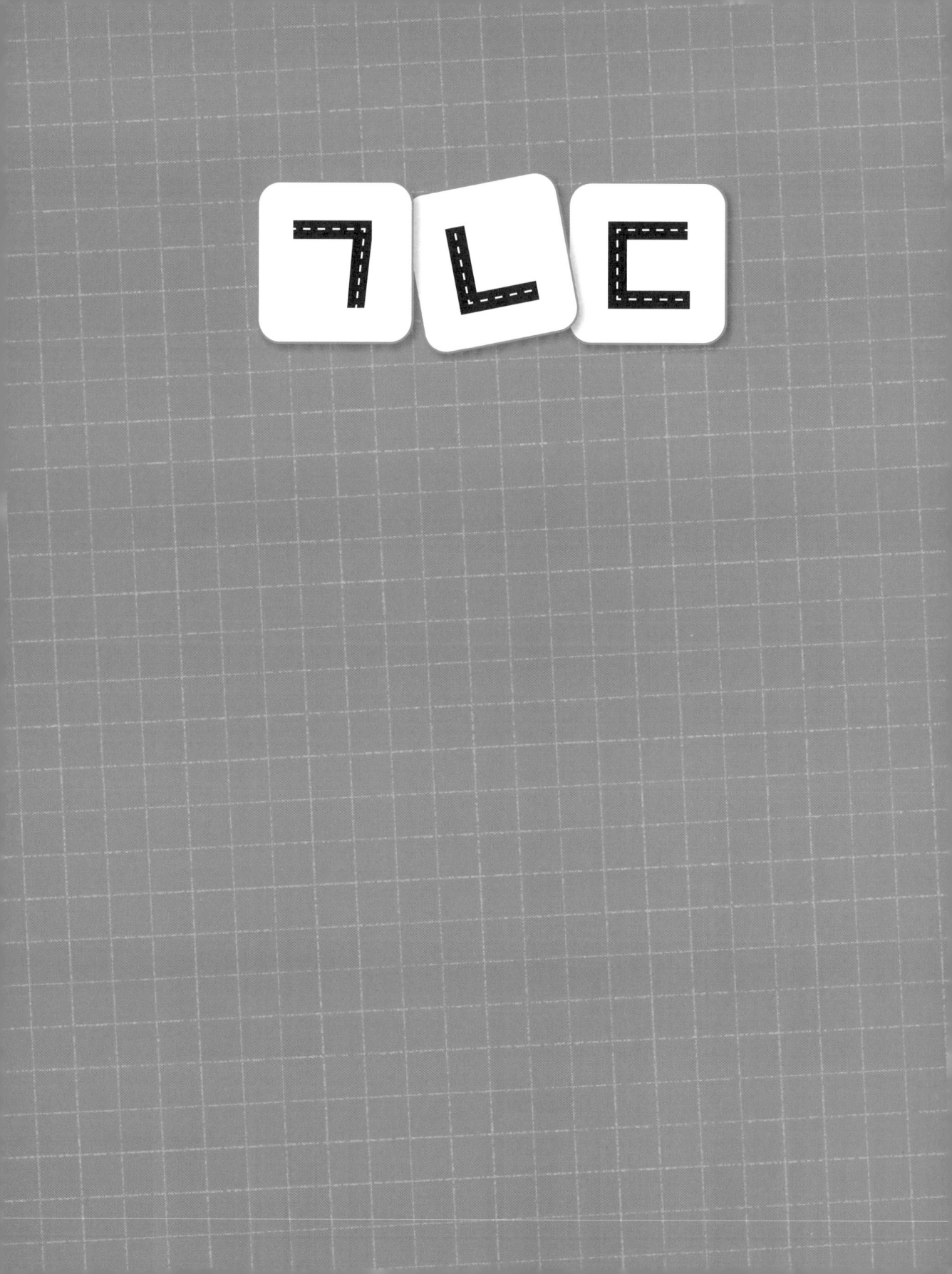

01 각골난망	10 괄목상대	19 다사다난
02 각양각색	11 군계일학	20 다재다능
03 감언이설	12 권선징악	21 대기만성
04 개과천선	13 금상첨화	22 동고동락
05 격세지감	14 금시초문	23 동문서답
06 견물생심	15 기사회생	24 동상이몽
07 결초보은	16 난형난제	25 두문불출
08 고진감래	17 노심초사	
09 과유불급	18 다다익선	

001 각골난망

남에게 입은 은혜가 뼈에 새길 만큼 커서 잊히지 않는다는 말이에요. '은혜'는 고맙게 베풀어 준 것을 말해요.

난 이렇게 써먹을 거야!

소리 내 읽으며 또박또박 따라 써 보세요.

刻 새길 각
총 8획　丶 亠 亥 亥 亥 亥 刻 刻
| 刻 | 刻 | | | | |

骨 뼈 골
총 10획　丨 冂 冃 冎 冎 骨 骨 骨 骨 骨
| 骨 | 骨 | | | | |

難 어려울 난
총 19획　一 艹 廿 廿 芇 苩 荁 堇 堇 莫 莫 莫 藁 鄞 鄞 難 難 難
| 難 | 難 | | | | |

忘 잊을 망
총 7획　丶 亠 亡 亡 忘 忘 忘
| 忘 | 忘 | | | | |

각	골	난	망

刻	骨	難	忘

15

002 각양각색

각기 다른 여러 가지 모양과 빛깔을 말해요. '모양'은 겉으로 보이는 생김새이고, '빛깔'은 가지고 있는 특유한 색깔이에요.

소리 내 읽으며 또박또박 따라 써 보세요.

各 각각 각 — 총 6획 ノ ク 夕 冬 各 各

樣 모양 양 — 총 15획 一 十 オ オ ホ ボ 栏 栏 样 样 样 样 様 様 様

各 각각 각 — 총 6획 ノ ク 夕 冬 各 各

色 빛 색 — 총 6획 ノ ク ク ク 各 色

각 양 각 색

各 樣 各 色

003 감언이설

귀가 솔깃하도록 남의 비위를 맞추거나 이로운 조건을 내세워 꾀는 말을 말해요. '솔깃하다'는 그럴듯해 보여 마음이 쏠린다는 뜻이에요.

뽀기가 팥빙수 만들어 준다고 집으로 오라고 했어.

정말? 우리도 갈래!

어서 청소 끝내고 팥빙수 먹자.

너희들 왔구나? 청소 중이었는데, 좀 도와줄래?

1시간 후

우리가 뽀기 감언이설에 속고 말았네.

힝, 해도 해도 끝이 안 나잖아.

난 이렇게 써먹을 거야!

소리 내 읽으며 또박또박 따라 써 보세요.

甘 달 감
총5획 一 十 卄 廿 甘

言 말씀 언
총7획 ` 一 二 三 丰 言 言

利 이로울 이 · 리
총7획 ´ 二 千 禾 禾 利 利

說 말씀 설
총14획 ` 一 二 三 丰 言 言 訁 訡 說 說 說 說 說

감 언 이 설

甘 言 利 說

004 개과천선

지난날의 잘못이나 허물을 고쳐 올바르고 착하게 된다는 말이에요. '허물'은 잘못 저지른 실수나 비웃음을 살 만한 거리를 말해요.

난 이렇게 써먹을 거야!

소리 내 읽으며 또박또박 따라 써 보세요.

改 고칠 개 — 총 7획 ` 一 三 키 키' 끼' 改 改

過 지날 과 — 총 13획 ` 冂 冂 冎 冎 咼 咼 咼 ゝ咼 冯 渦 過 過

遷 옮길 천 — 총 15획 一 厂 襾 襾 襾 覀 覀 栗 栗 粟 粟 遷 遷 遷 遷

善 착할 선 — 총 12획 ` ゝ 亠 亠 亠 亠 羊 羊 善 善 善 善

| 개 | 과 | 천 | 선 |

| 改 | 過 | 遷 | 善 |

005 격세지감

오래지 않은 동안에 몰라보게 변하여 아주 다른 세상이 된 것 같은 느낌을 말해요.

소리 내 읽으며 또박또박 따라 써 보세요.

隔 바뀔(사이 뜰) 격
총 13획 ｀ ｊ ｊ ｊ ｊ ｊ ｊ 隔 隔 隔 隔

世 세상(인간) 세
총 5획 一 十 卄 卋 世

之 갈 지
총 4획 ｀ ㇏ 之 之

感 느낄 감
총 13획 ｀ ｊ ｊ ｊ ｊ ｊ 咸 咸 咸 咸 感 感 感

| 격 | 세 | 지 | 감 |

| 隔 | 世 | 之 | 感 |

006 — 견물생심

어떠한 실물을 보게 되면 그것을 가지고 싶은 욕심이 생긴다는 말이에요. '실물'은 실제로 있는 물건이나 사람을 말해요.

다들 용돈 잘 챙겨 왔지? 오늘 용돈 모아서 필기구랑 공책 사기로 했잖아.

응. 나도 모은 용돈 들고 왔어.

...

모네 넌 왜 대답 안 하고 우물쭈물하는 거야?

용돈 모아 왔지?

미안. 문구점 구경 갔다가 용돈으로 대왕 딱지를 다 사 버렸어.

뭐라고? 견물생심이라더니!! 아무리 딱지가 좋아도 그렇지. 약속까지 잊은 거야!

난 이렇게 써먹을 거야!

소리 내 읽으며 또박또박 따라 써 보세요.

見 볼 견
총 7획 ㅣ 冂 冂 冃 目 貝 見

物 물건 물
총 8획 ㅣ ㅗ 扌 牛 牜 牡 物 物

生 날 생
총 5획 ㅣ ㅗ 仁 牛 生

心 마음 심
총 4획 ㅣ 心 心 心

견	물	생	심

見	物	生	心

007 결초보은

죽은 뒤에라도 은혜를 잊지 않고 갚는다는 말이에요.

어! 전에 두야가 구해 준 나무에서 떨어진 아기 새구나!

파닥 파닥

저것 봐! 두야만 따라다니네.

두야가 구해 준 걸 아는 것 같아.

혹시 흥부 놀부 이야기처럼 너한테 결초보은하려고, 박씨를 물어다 주는 거 아냐?

박씨라….

아기 새야, 가서 보물이 든 박씨 하나 물어다 주렴.

난 이렇게 써먹을 거야!

소리 내 읽으며 또박또박 따라 써 보세요.

結 맺을 결
총 12획 ˊ ㄠ ㄠ ㄠ 糸 糸 紅 紆 結 結 結 結

草 풀 초
총 9획 一 十 十 ヰ 丱 丱 芇 苩 草

報 갚을 보
총 12획 一 十 土 ㄎ 巾 赤 초 幸 幸' 幸 報 報

恩 은혜 은
총 10획 | 冂 冂 闬 因 因 因 恩 恩 恩

결	초	보	은

結	草	報	恩

27

008 고진감래

쓴 것이 다하면 단 것이 온다는 뜻으로, 고생 끝에 즐거움이 온다는 말이에요. 쓴 것은 고생을, 단 것은 즐거움이나 기쁨을 말해요.

소리 내 읽으며 또박또박 따라 써 보세요.

苦 쓸 고
총 8획 一 卄 丱 丱 꾸 꾸 苦 苦
苦 苦

盡 다할 진
총 14획 フ ユ ヨ ヨ 圭 圭 圭 圭 쿄 쿄 쿄 쿄 盡 盡
盡 盡

甘 달 감
총 5획 一 十 卄 甘 甘
甘 甘

來 올 래, 내
총 8획 一 ア ァ ㅉ ㅉ 來 來 來
來 來

고	진	감	래

苦	盡	甘	來

29

009 과유불급

정도를 지나침은 미치지 못함과 같다는 뜻으로, 모자라거나 지나치지 않고 한쪽으로 치우치지도 않은 상태나 정도를 말해요.

소리 내 읽으며 또박또박 따라 써 보세요.

過 지나칠(지날) 과	총 13획 ㅣ ㄇ ㅁ ㅁ ㅁ 冎 咼 咼 咼 ゛ 渦 渦 過 過

猶 오히려 유	총 12획 ノ ノ ノ ガ ゛ 犭 ゛ 犭 ゛ 狷 狷 猶 猶 猶

不 아닐 불	총 4획 一 ㄏ ア 不

及 미칠 급	총 4획 ノ 厂 乃 及

과	유	불	급

過	猶	不	及

010 괄목상대

눈을 비비고 상대편을 본다는 뜻으로, 남의 학식이나 재주가 놀랄 만큼 부쩍 늘었다는 말이에요.

백전백패 두야

자~~, 간다!

잠시 후

내가 두야한테 지다니….

이번엔 나랑 경기해 보자!

좋아!

너 진짜 괄목상대했구나. 어떻게 이렇게 실력이 늘었어?

헤헷, 사실 몇 달 동안 열심히 연습했지.

탁 탁 탁 탁

난 이렇게 써먹을 거야!

소리 내 읽으며 또박또박 따라 써 보세요.

刮 긁을 괄	총 8획 ノ 二 千 千 舌 舌 刮 刮
	刮 刮

目 눈 목	총 5획 丨 冂 冃 目 目
	目 目

相 서로 상	총 9획 一 十 才 木 札 机 相 相 相
	相 相

對 대할 대	총 14획 丨 业 业 业 业 业 业 业 业 业 丵 丵 對 對
	對 對

괄	목	상	대

刮	目	相	對

011 군계일학

닭의 무리 가운데에서 한 마리의 학이란 뜻으로, 많은 사람 가운데 뛰어난 인물을 이르는 말이에요.

얘들아, 내가 진짜 맛있는 와플 가게 소개해 줄게.

얼마나 맛있길래?

그 와플 가게는 벨기에 정통 수제 와플이란 말이야!

가격까지 싸서 주변 와플 가게 중 단연 군계일학이라고.

벨기에 수제 와플

어서 들어가서 먹자!

여기야!

소리 내 읽으며 또박또박 따라 써 보세요.

群 무리 **군**
총 13획 ㄱ ㄱ ㅋ 尹 尹 尹 君 君 君' 君⺶ 君⺶ 君⺷ 群

鷄 닭 **계**
총 21획 ´ ´ ´ ´ ⺍ ⺍ ⺍ 쫓 쫓 쫓' 쫓⺾ 쫓⻏ 쫓⻏ 鷄 鷄 鷄 鷄

一 한(하나) **일**
총 1획 一

鶴 학 **학**
총 21획 ´ ´ ⺅ ⺅ ⺅ ⺅ ⺅ 崔 崔 崔 崔' 崔⻏ 崔⻏ 崔⻏ 鶴 鶴 鶴 鶴

군 계 일 학

群 鷄 一 鶴

012 권선징악

착한 일을 권장하고 악한 일을 징계한다는 말이에요. '권장하다'는 좋은 일을 권하고 힘쓰도록 하는 것이고, '징계하다'는 허물이나 잘못을 뉘우치도록 나무란다는 뜻이에요.

소리 내 읽으며 또박또박 따라 써 보세요.

勸 권할 권
총 19획 一 十 十 廾 廾 甘 甘 苗 苗 莒 莒 莒 莒 萱 藋 藋 藋 勸 勸

善 착할 선
총 12획 丶 丷 丷 并 羊 羊 差 盖 善 善

懲 징계할 징
총 19획 丿 彳 彳 彳 徉 徉 徉 律 律 律 律 徵 徵 徵 徵 徵 懲 懲

惡 악할 악
총 12획 一 一 一 丂 两 亞 亞 亞 惡 惡 惡

| 권 | 선 | 징 | 악 |

| 勸 | 善 | 懲 | 惡 |

013 금상첨화

비단 위에 꽃을 더한다는 뜻으로, 좋은 일 위에 또 좋은 일이 더하여진다는 말이에요.

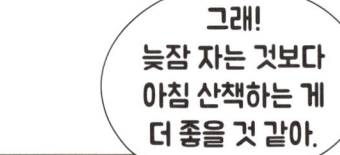

소리 내 읽으며 또박또박 따라 써 보세요.

錦 비단 금
총 16획 ノ 人 ㇒ 乍 牟 숲 金 金 金' 金⺈ 鈩 鉔 鉔 鉔 錦 錦

上 위 상
총 3획 丨 卜 上

添 더할 첨
총 11획 丶 冫 氵 沃 沃 沃 添 添 添

花 꽃 화
총 7획 一 十 艹 サ 芢 花 花

금	상	첨	화

錦	上	添	花

014 금시초문

바로 지금 처음으로 듣는다는 말이에요.

소리 내 읽으며 또박또박 따라 써 보세요.

今 이제 금
총 4획 　ノ 人 今 今
今　今

時 때 시
총 10획 　｜ 冂 冂 日 旷 旷 咭 咭 時 時
時　時

初 처음 초
총 7획 　丶 亠 礻 礻 衤 初 初
初　初

聞 들을 문
총 14획 　｜ 冂 冂 冂 冃 門 門 門 問 問 閆 閆 聞 聞
聞　聞

금	시	초	문

今	時	初	聞

015 기사회생

거의 죽을 뻔하다가 도로 살아난다는 말이에요. '도로'는 향하던 쪽에서 되돌아서 온다는 뜻이에요.

소리 내 읽으며 또박또박 따라 써 보세요.

起 일어날 기
총 10획 一 + ± 卡 丰 킈 走 起 起 起

死 죽을 사
총 6획 一 厂 歹 歹 歹 死

回 돌아올 회
총 6획 丨 冂 冂 冋 回 回

生 날 생
총 5획 丿 ㅑ 느 牛 生

기	사	회	생

起	死	回	生

016 난형난제

누구를 형이라 하고 누구를 아우라 하기 어렵다는 뜻으로, 두 사물이 비슷하여 낫고 못함을 정하기 어려움을 이르는 말이에요.

소리 내 읽으며 또박또박 따라 써 보세요.

難 어려울 난
총 19획 一 十 卄 廿 甘 苩 昔 昔 堇 莫 莫 堇 莫 莫 莫 莫 難 難 難

兄 형 형
총 5획 丨 口 口 尸 兄

難 어려울 난
총 19획 一 十 卄 廿 甘 苩 昔 昔 堇 莫 莫 堇 莫 莫 莫 莫 難 難 難

弟 아우 제
총 7획 丶 丷 丼 丼 弟 弟 弟

난형난제

難兄難弟

017 노심초사

몹시 마음을 쓰며 애를 태운다는 뜻으로, '애를 태우다'는 안타깝거나 조마조마하여 안절부절못한다는 말이에요.

소리 내 읽으며 또박또박 따라 써 보세요.

勞 일할 노, 로 — 총 12획 `丶 丷 ⺌ ⺍ 炒 炒 炊 燚 燚 勞 勞`

心 마음 심 — 총 4획 `丶 心 心 心`

焦 탈(그을릴) 초 — 총 12획 `丿 亻 彳 彳 仵 仵 隹 隹 隹 焦 焦`

思 생각 사 — 총 9획 `丨 冂 日 田 田 甲 思 思 思`

노	심	초	사

勞	心	焦	思

018 다다익선

많으면 많을수록 더욱 좋다는 말이에요. 다다익선과 반대말은 앞에서 나온 '과유불급'이에요.

농구는 사람이 많을수록 더 재미있단 말이야.

그래, 맞아. 농구는 다다익선이지. 조금만 더 기다려 보자!

뽀기야, 어서 와! 농구 시작….

얘들아, 나 다리를 다쳐서 천천히 오느라 늦었어.

…

기다린 보람이 없구나.

난 이렇게 써먹을 거야!

소리 내 읽으며 또박또박 따라 써 보세요.

多 많을 다 — 총 6획 ノクタタ多多

多 많을 다 — 총 6획 ノクタタ多多

益 더할 익 — 총 10획 ノ八公公个谷谷岙益

善 착할 선 — 총 12획 丶丷ﾝ꼬꼬羊羊羔盖善善善

다	다	익	선

多	多	益	善

019 다사다난

여러 가지 일도 많고 어려움이나 탈도 많다는 말이에요. '탈'은 뜻밖에 일어난 걱정할 만한 사고를 말해요.

소리 내 읽으며 또박또박 따라 써 보세요.

| 多 많을 다 | 총6획 ノクタタ多多 | 多 | 多 | | | | |

| 事 일 사 | 총8획 一丆FFFFFFF事 | 事 | 事 | | | | |

| 多 많을 다 | 총6획 ノクタタ多多 | 多 | 多 | | | | |

| 難 어려울 난 | 총19획 一十卄廿廿世芇芇堇堇菓菓斳斳斳斳難難 | 難 | 難 | | | | |

다	사	다	난

多	事	多	難

020 다재다능

재주와 능력이 여러 가지로 많다는 말이에요. '재주'는 무엇을 잘 할 수 있는 타고난 능력과 슬기를 말해요.

이야, 모네 트로피 진짜 많다.

저게 다 모네가 받은 트로피래.

당연하지. 모네는 다재다능하거든.

쑥스럽게 왜 그래….

급적 급적

내가 뭐든 잘하긴 하지…. 헤헤.

난 이렇게 써먹을 거야!

소리 내 읽으며 또박또박 따라 써 보세요.

多 많을 다 — 총 6획 ′ ク タ タ 多 多

才 재주 재 — 총 3획 一 十 才

多 많을 다 — 총 6획 ′ ク タ タ 多 多

能 능할 능 — 총 10획 ′ 厶 夕 夕 台 台 台 能 能 能

다재다능   多才多能

021 대기만성

큰 그릇을 만드는 데는 시간이 오래 걸린다는 뜻으로, 크게 될 사람은 늦게 이루어진다는 말이에요.

난 이렇게 써먹을 거야!

소리 내 읽으며 또박또박 따라 써 보세요.

大 큰 대
총 3획 一 ナ 大

器 그릇 기
총 16획 丨 丨 卩 吅 吅 吅 吅 哭 哭 哭 器 器 器 器

晚 늦을 만
총 12획 丨 冂 冂 日 日ˊ 日ˊ 日ˊ 日ˊ 晚 晚 晚 晚

成 이룰 성
총 6획 丿 厂 厂 成 成 成

대 기 만 성   大 器 晚 成

022 동고동락

괴로움도 즐거움도 함께한다는 말이에요.

소리 내 읽으며 또박또박 따라 써 보세요.

同 같을(한가지) 동	총6획 丨 冂 冂 冋 同 同
	同 同

苦 쓸(괴로울) 고	총8획 一 十 卄 艹 井 芐 苦 苦
	苦 苦

同 같을(한가지) 동	총6획 丨 冂 冂 冋 同 同
	同 同

樂 즐길 락·낙	총15획 ′ ′ ή ή ή ή ή ή ή ή ή ή ή ή ή
	樂 樂

동	고	동	락

同	苦	同	樂

023 동문서답

물음과는 전혀 상관없는 엉뚱한 대답을 한다는 말이에요. '물음'은 묻는 일 또는 묻는 말을 말해요.

끝나고 떡볶이 먹으러 가자!

두야야, 준비물은 어딨어?

쎄세야, 학교 앞에 분식집 새로 생긴 거 알지?

그리고 떡볶이만 먹으면 아쉬우니까 어묵도 같이 먹자!

알았으니까, 준비물 어딨어?

아니다. 그냥 빵 먹으러 갈까?

너 왜 자꾸 동문서답해! 빨리 준비물 꺼내!

미안. 깜빡했어.

찌릿 찌릿 흭

난 이렇게 써먹을 거야!

소리 내 읽으며 또박또박 따라 써 보세요.

東 동녘 동 — 총 8획 一 ㄷ ㅁ ㅂ 甴 車 東 東

問 물을 문 — 총 11획 丨 ㄣ ㄣ ㄣ ㄣ 門 門 門 問 問 問

西 서녘 서 — 총 6획 一 ㄷ ㄇ 兀 西 西

答 대답 답 — 총 12획 ノ ⺈ ⺮ ⺮ 竹 ⺮ 笠 筌 筌 答 答 答

동문서답

東問西答

024 동상이몽

같은 자리에 자면서 다른 꿈을 꾼다는 뜻으로, 겉으로는 같이 행동하면서도 속으로는 각각 딴생각을 하고 있다는 말이에요.

> 너희 뭐 하냐?

> 길에서 방금 5,000원을 주웠거든.

> 그런데 왜 둘 다 그렇게 잡고 안 놓는 거야?

> 당연히 경찰서에 가져다주려고 잡고 있지.

> 5,000원밖에 안 되니까 아이스크림 사 먹으려고 잡고 있지.

> 주운 돈을 두고 동상이몽이구나.

소리 내 읽으며 또박또박 따라 써 보세요.

同 같을(한가지) 동
총 6획 丨 冂 冂 同 同 同
| 同 | 同 | | | | |

牀 평상 상
총 8획 丨 丬 丬 爿 爿 爿一 牀 牀
| 牀 | 牀 | | | | |

異 다를 이, 리
총 11획 丨 冂 日 田 田 甲 buyer 畀 畀 異 異
| 異 | 異 | | | | |

夢 꿈 몽
총 13획 一 艹 艹 艹 艹 艹 艹 苧 苧 夢 夢 夢
| 夢 | 夢 | | | | |

동	상	이	몽

同	牀	異	夢

025 두문불출

집에만 있고 바깥출입을 하지 않는다는 말이에요. 집에서 은거하면서 관직에 나가지 아니하거나 사회의 일을 하지 아니함을 비유적으로 이르는 말로도 사용해요.

> 뽀기야, 소문 들었어. 흐잉, 어떡해?

> 무슨 소문?

> 뽀기 네가 요즘 두문불출하는 이유가….

> 불치병에 걸려서….

> 불치병은 무슨….

> 엥??

> 나 며칠째 변비 때문에 화장실을 못 가서….

> 움직일 수가 없어. 살려 줘….

소리 내 읽으며 또박또박 따라 써 보세요.

杜 막을 두	총 7획 一十才木木朴杜					
	杜	杜				

門 문 문	총 8획 丨冂冂冂門門門門					
	門	門				

不 아닐 불	총 4획 一丆不不					
	不	不				

出 날 출	총 5획 丨屮屮出出					
	出	出				

두	문	불	출

杜	門	不	出

26 마이동풍	35 사리사욕	44 소탐대실
27 막상막하	36 사면초가	45 속수무책
28 명실상부	37 사생결단	46 수수방관
29 무용지물	38 사필귀정	47 시기상조
30 박장대소	39 살신성인	48 신출귀몰
31 배은망덕	40 삼고초려	49 심사숙고
32 백골난망	41 새옹지마	50 십중팔구
33 백전백승	42 선견지명	
34 비몽사몽	43 설상가상	

026 마이동풍

동풍이 말의 귀를 스쳐 간다는 뜻으로, 남의 말을 귀담아듣지 않고 지나쳐 흘려버린다는 말이에요.

난 이렇게 써먹을 거야!

소리 내 읽으며 또박또박 따라 써 보세요.

馬 말 마
총 10획 ㅣ Γ Γ F F 馬 馬 馬 馬 馬

耳 귀 이
총 6획 一 Γ Γ F F 耳

東 동녘 동
총 8획 一 Γ Γ F F 百 車 東 東

風 바람 풍
총 9획 丿 几 凡 凡 同 同 風 風 風

마 이 동 풍

馬 耳 東 風

027 막상막하

더 낮고 더 못함의 차이가 거의 없다는 말이에요. 비슷한 사자성어로는 '난형난제', '대동소이'가 있어요.

우리 집 강아지들 정말 귀엽지?

넌 둘 중에 어떤 강아지가 더 귀여워?

둘 다 너무 귀여워서 고를 수가 없어.

맞아. 귀여운 게 막상막하구나.

난 이렇게 써먹을 거야!

소리 내 읽으며 또박또박 따라 써 보세요.

莫 없을 막
총 10획 一 十 廾 艹 艹 艹 古 苩 莒 莫 莫

上 위 상
총 3획 丨 卜 上

莫 없을 막
총 10획 一 十 廾 艹 艹 艹 古 苩 莒 莫 莫

下 아래 하
총 3획 一 丁 下

막	상	막	하

莫	上	莫	下

028 명실상부

이름과 실상이 서로 꼭 맞는다는 말이에요. '실상'은 실제의 상태나 내용을 말해요.

소리 내 읽으며 또박또박 따라 써 보세요.

名 이름 **명**
총6획 ノクタタ名名

實 열매 **실**
총14획 ''宀宀宁宵宵實實實實實實

相 서로 **상**
총9획 一十才木机相相相相

符 부호(기호) **부**
총11획 ノ𠂉𠂉𠂉𠂉𠂉𠂉符符符符

| 명 | 실 | 상 | 부 |

| 名 | 實 | 相 | 符 |

029 무용지물

쓸모없는 물건이나 사람을 말해요. 비슷한 관용구로는 '그림의 떡'이 있어요.

난 이렇게 써먹을 거야!

소리 내 읽으며 또박또박 따라 써 보세요.

無 없을 무	총 12획 ノ ト 仁 仨 仨 無 無 無 無 無 無 無

用 쓸 용	총 5획 ノ 刀 月 月 用

之 갈 지	총 4획 ヽ 亠 ラ 之

物 물건 물	총 8획 ノ 广 ナ 牛 牜 牞 物 物

무 용 지 물

無 用 之 物

030 박장대소

손뼉을 치며 크게 웃는 것을 말해요. 비슷한 사자성어는 '포복절도'가 있어요.

난 이렇게 써먹을 거야!

소리 내 읽으며 또박또박 따라 써 보세요.

拍 칠(손뼉칠) 박
총 8획 一 亅 扌 扌 扌' 扣 拍 拍

掌 손바닥 장
총 12획 丨 丨' 丷 ⺌ 尚 尚 骨 骨 堂 堂 掌

大 큰 대
총 3획 一 ナ 大

笑 웃음(웃을) 소
총 10획 丿 𠂉 竹 ⺮ ⺮' 笁 竺 竺 竽 笑

박장대소

拍掌大笑

031 배은망덕

남에게 입은 은덕을 저버리고 배신한다는 말이에요. '은덕'은 은혜로운 덕을 뜻하고, '배신'은 믿음이나 의리를 저버린다는 뜻이에요.

난 이렇게 써먹을 거야!

소리 내 읽으며 또박또박 따라 써 보세요.

背 배반할 배
총 9획 ｜ ⼁ ⺊ ㇉ 北 北 背 背 背

恩 은혜 은
총 10획 ｜ 冂 冋 因 因 因 因 恩 恩 恩

忘 잊을 망
총 7획 ｀ 亠 亡 亡 忘 忘 忘

德 클 덕
총 15획 ｀ ノ 彳 彳 彳 彳 德 德 德 德 德 德 德 德

배	은	망	덕

背	恩	忘	德

032 백골난망

죽어서 백골이 되어도 잊을 수 없다는 뜻으로, 남에게 큰 은덕을 입었을 때 고마움을 뜻하는 말로 사용해요.

여기가 국립현충원이구나.

여기는 국가와 민족을 위해 목숨을 바친 선열들이 안장되어 있는 곳이야.

다들 우리가 지금 행복하게 살 수 있도록 만들어 주신 분들이지.

우리도 백골난망한 마음으로 인사를 드리자.

난 이렇게 써먹을 거야!

소리 내 읽으며 또박또박 따라 써 보세요.

白 흰 백
총 5획 ´ ⺊ 宀 白 白

骨 뼈 골
총 10획 丨 冂 冂 冋 冎 冎 骨 骨 骨 骨

難 어려울 난
총 19획 一 十 艹 艹 芒 芑 苔 苩 堇 菓 菓 菓 菓 菓 難 難 難 難 難

忘 잊을 망
총 7획 ´ 亠 亡 亡 忘 忘 忘

백	골	난	망

白	骨	難	忘

033 백전백승

백 번 싸워 백 번 이긴다는 뜻으로, 싸울 때마다 다 이긴다는 말이에요. 비슷한 사자성어로는 '백전불패'가 있어요.

> 내가 난센스 퀴즈를 낼 테니까, 맞혀 봐!

> 진짜 새의 이름은?
> 참새!

> 음… 모르겠어.
> 이별!
> 그럼, 별 중에서 가장 슬픈 별은?

> 우와! 쎄쎄가 백전백승이네.

> 평소 열심히 수수께끼를 공부한 덕분이야.

난 이렇게 써먹을 거야!

소리 내 읽으며 또박또박 따라 써 보세요.

| 百 일백 **백** | 총 6획 一 ブ ァ 丆 百 百 百 |

| 戰 싸움 **전** | 총 16획 丶 丶 ᅋ ᅋ ᅋ ᅋ ᄜ ᄜ ᄜ 單 單 戰 戰 戰 |

| 百 일백 **백** | 총 6획 一 ブ ァ 丆 百 百 百 |

| 勝 이길 **승** | 총 12획 丿 刀 月 月 月 ᄇ ᄅ ᄅ ᄅ 胖 勝 勝 |

| 백 | 전 | 백 | 승 |

| 百 | 戰 | 百 | 勝 |

034 비몽사몽

완전히 잠이 들지도 잠에서 깨어나지도 않은 어렴풋한 상태를 말해요. '어렴풋하다'는 기억이나 생각 따위가 뚜렷하지 아니하고 흐릿하다는 뜻이에요.

난 이렇게 써먹을 거야!

소리 내 읽으며 또박또박 따라 써 보세요.

非 아닐 비	총8획 ノ ナ キ ヨ 킈 非 非 非

夢 꿈 몽	총13획 一 十 艹 芢 芇 芇 芇 苗 芦 芦 萨 夢 夢

似 닮을(같을) 사	총7획 ノ イ 亻 仏 仏 似 似

夢 꿈 몽	총13획 一 十 艹 芢 芇 芇 芇 苗 芦 芦 萨 夢 夢

비	몽	사	몽

非	夢	似	夢

035 사리사욕

사사로운 이익과 욕심을 말해요. '사사롭다'는 개인적인 범위나 관계를 뜻해요.

소리 내 읽으며 또박또박 따라 써 보세요.

私 사사(사사로울) 사
총 7획 ノ 二 千 千 禾 私 私

利 이로울 리, 이
총 7획 ノ 二 千 千 禾 利 利

私 사사(사사로울) 사
총 7획 ノ 二 千 千 禾 私 私

慾 욕심 욕
총 15획 ノ 八 タ 父 父 谷 谷 谷 谷 谷 欲 欲 慾 慾 慾

사	리	사	욕

私	利	私	慾

85

036 사면초가

아무에게도 도움을 받지 못하는, 외롭고 곤란한 상황이 되었다는 말이에요. 비슷한 사자성어는 '진퇴양난'이 있어요.

난 이렇게 써먹을 거야!

소리 내 읽으며 또박또박 따라 써 보세요.

四 넉 사
총 5획 丨 冂 冂 四 四

面 낯 면
총 9획 一 丆 丆 丙 而 而 而 面 面

楚 초나라(가시나무) 초
총 13획 一 十 オ 木 杧 材 林 梺 梺 梺 梺 楚

歌 노래 가
총 14획 一 丅 丁 豆 豆 可 可 哥 哥 哥 哥 歌 歌 歌

사	면	초	가

四	面	楚	歌

037 사생결단

죽고 사는 것을 돌보지 않고 끝장을 내려고 한다는 말이에요. '끝장'은 일이 더 나아갈 수 없는 상태를 말해요.

"안 되겠어. 용기가 나질 않아."

"그래. 넌 분명히 잘 해낼 수 있을 거야."

"무슨 소리야! 오늘 같은 날 고백해야지."

"좋아! 사생결단이다. 주러 가자!"

잠시 후

"헉! 여자애가 래야한테 과자를 주고 있어!"

"다 필요 없어! 흑흑."

난 이렇게 써먹을 거야!

소리 내 읽으며 또박또박 따라 써 보세요.

死 죽을 사
총 6획 ー ア 歹 歹 死 死

生 날 생
총 5획 ノ ト 느 牛 生

決 결단할 결
총 7획 丶 丶 氵 氵 沪 沪 決

斷 끊을 단
총 18획

사	생	결	단

死	生	決	斷

038 사필귀정

모든 일은 반드시 바른길로 돌아간다는 말이에요. 비슷한 속담으로는 '콩 심은 데 콩 나고 팥 심은 데 팥 난다'가 있어요.

소리 내 읽으며 또박또박 따라 써 보세요.

事 일 사	총 8획 ー ニ 亓 亓 写 写 写 事
	事 事

必 반드시 필	총 5획 丶 丿 必 必 必
	必 必

歸 돌아갈 귀	총 18획 ... 歸
	歸 歸

正 바를 정	총 5획 一 丁 下 正 正
	正 正

사	필	귀	정

事	必	歸	正

91

039 살신성인

자기의 몸을 희생하여 인(仁)을 이룬다는 말이에요. '인(仁)'은 남을 사랑하고 어질게 행동하는 일을 뜻해요.

소리 내 읽으며 또박또박 따라 써 보세요.

殺 죽일 살
총 11획 ノ ㄨ ㅗ 乎 杀 杀 茶 殺 殺 殺 殺

身 몸 신
총 7획 ノ ㄏ 亇 ή 自 身 身

成 이룰 성
총 6획 ノ 厂 厅 成 成 成

仁 어질 인
총 4획 ノ 亻 仁 仁

살 신 성 인

殺 身 成 仁

040 삼고초려

인재를 맞아들이기 위하여 참을성 있게 노력한다는 말이에요. '인재'는 재주가 아주 뛰어난 사람을 뜻해요.

"모네야, 너 왜 뽀기 집 앞에서 그러고 있어?"

"실은, 내일 미술 수업 있잖아. 그래서 뽀기한테 같은 팀을 해 달라고 하려고."

"이번이 벌써 세 번째 찾아온 거야."

"근데 왜 삼고초려까지 하는 거야?"

"뽀기가 그림을 엄청 잘 그리거든."

"같은 팀을 하면 나도 도움을 받을 수 있잖아."

"어쩌나, 쎄쎄와 벌써 한 팀이던데…."

난 이렇게 써먹을 거야!

소리 내 읽으며 또박또박 따라 써 보세요.

三 석 삼 — 총 3획 一 二 三

顧 돌아볼 고 — 총 21획

草 풀 초 — 총 9획

廬 농막집 려, 여 — 총 19획

삼 고 초 려

三 顧 草 廬

041 새옹지마

인생의 길흉화복은 변화가 많아서 예측하기가 어렵다는 말이에요. '길흉화복'에서 길흉은 운이 좋고 나쁨을 화복은 재앙과 복을 뜻해요.

어때? 멋지지! 이벤트에 당첨되서 받은 인라인스케이트야. 난 참 운이 좋은 것 같아.

인라인스케이트가 좋으니까, 점프도 잘할 수 있을 것 같아.

타핫!

짜당

아얏!

그러고 보면, 새옹지마라는 말이 딱 맞구나.

하하하, 좋은 인라인스케이트도 얻고, 엉덩이에 멍도 얻었네.

소리 내 읽으며 또박또박 따라 써 보세요.

塞 변방 새
총 13획 丶丶宀宀宀宇宇宇宰寒寒寒塞塞

翁 늙은이 옹
총 10획 丿八公公公今分翁翁翁

之 갈 지
총 4획 丶亠之之

馬 말 마
총 10획 丨厂厂厂厂匡馬馬馬馬

새 옹 지 마

塞 翁 之 馬

042 선견지명

어떤 일이 일어나기 전에 미리 앞을 내다보고 아는 지혜를 뜻하는 말이에요.

잠시 후

소리 내 읽으며 또박또박 따라 써 보세요.

先 먼저 선
총 6획 ノ 一 一 ヒ 生 先

見 볼 견
총 7획 丨 冂 冂 月 目 貝 見

之 갈 지
총 4획 丶 一 ナ 之

明 밝을 명
총 8획 丨 冂 冂 日 明 明 明 明

선	견	지	명

先	見	之	明

99

043 설상가상

눈 위에 서리가 덮인다는 뜻으로, 난처한 일이나 불행한 일이 잇따라 일어난다는 말이에요.

난 이렇게 써먹을 거야!

소리 내 읽으며 또박또박 따라 써 보세요.

雪 눈(흰) 설 — 총 11획 一 一 一 戸 币 带 卋 雪 雪 雪 雪

上 위 상 — 총 3획 丨 丄 上

加 더할 가 — 총 5획 フ カ 加 加 加

霜 서리 상 — 총 17획 一 一 戸 币 币 卋 卋 雨 雨 霜 霜 霜 霜 霜

설 상 가 상

雪 上 加 霜

044 소탐대실

작은 것을 탐하다가 큰 것을 잃는다는 말이에요.

난 이렇게 써먹을 거야!

소리 내 읽으며 또박또박 따라 써 보세요.

小 작을 소
총3획 ㅣ 小 小

貪 탐할 탐
총11획 ノ 人 人 今 今 今 今 含 貪 貪

大 큰 대
총3획 一 ナ 大

失 잃을 실
총5획 ノ 匕 ᅩ 失 失

소 탐 대 실

小 貪 大 失

045 속수무책

손을 묶은 것처럼 어찌할 도리가 없어 꼼짝 못 한다는 말이에요. 비슷한 속담으로는 '닭 쫓던 개 지붕 쳐다보듯', '독 안에 든 쥐'가 있어요.

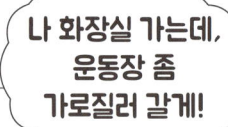

소리 내 읽으며 또박또박 따라 써 보세요.

束 묶을 속	총 7획 一 ｢ ｢ ｢ 币 束 束

手 손 수	총 4획 一 二 三 手

無 없을 무	총 12획 ノ ← ┌ ┌ ┌ 無 無 無 無 無 無 無

策 꾀 책	총 12획 ノ ㅅ ㅆ ㅆ 竹 竹 竹 竹 笛 笛 策 策

속 수 무 책

束 手 無 策

046 수수방관

팔짱을 끼고 보고만 있다는 뜻으로, 간섭하거나 거들지 아니하고 그대로 버려둔다는 말이에요. '거들다'는 남이 하는 일을 함께하면서 돕는다는 뜻이에요.

난 이렇게 써먹을 거야!

소리 내 읽으며 또박또박 따라 써 보세요.

袖 소매 수
총 10획 ` ラ ネ ネ ネ ネ 初 初 神 袖

手 손 수
총 4획 一 二 三 手

傍 곁 방
총 12획 ノ 亻 亻 亻 亻 伫 伫 倅 倅 倅 傍 傍

觀 볼 관
총 24획 一 十 卄 艹 艹 艹 艹 艹 莒 莒 莒 莒 莒 藿 藿 藿 雚 雚 雚 雚 觀 觀 觀 觀

수	수	방	관

袖	手	傍	觀

047 시기상조

어떤 일을 하기에 아직 때가 이르다는 말이에요. '이르다'는 기준을 잡은 때보다 앞서거나 빠르다는 뜻이에요.

난 이렇게 써먹을 거야!

소리 내 읽으며 또박또박 따라 써 보세요.

時 때 시	총 10획　丨 冂 日 日 旷 旷 旷 旷 時 時
	時　時

機 틀 기	총 16획　一 十 才 木 杉 松 松 松 松 松 松 機 機 機
	機　機

尙 오히려 상	총 8획　丨 丬 丬 丬 冏 冏 尙 尙
	尙　尙

早 이를 조	총 6획　丨 冂 日 旦 프 早
	早　早

시	기	상	조	時	機	尙	早

048 신출귀몰

귀신같이 나타났다가 사라진다는 뜻으로, 그 움직임을 쉽게 알 수 없을 만큼 자유자재로 나타나고 사라진다는 말이에요.

식당
— 얘들아, 나도 같이 먹자!

모네네 집
— 얘들아, 나도 같이 보자!

— 뽀기는 정말 동에 번쩍 서에 번쩍하는구나!

— 내가 좀 신출귀몰하지?

난 이렇게 써먹을 거야!

소리 내 읽으며 또박또박 따라 써 보세요.

神 귀신 신
총 10획 一 二 亍 亍 示 剂 祀 袖 神

出 날 출
총 5획 丨 屮 屮 出 出

鬼 귀신 귀
총 10획 ' 丨 冂 甶 甶 由 丮 鬼 鬼 鬼

沒 빠질 몰
총 7획 ` 冫 氵 氻 汐 沒

신 출 귀 몰

神 出 鬼 沒

049 심사숙고

깊이 잘 생각한다는 말이에요. 비슷한 속담은 '돌다리도 두들겨 보고 건너라'가 있어요.

소리 내 읽으며 또박또박 따라 써 보세요.

深 깊을 심
총 11획 丶丶氵氵汀泙泙浭浭深深

思 생각 사
총 9획 丨冂冂冃田田思思思

熟 익을 숙
총 15획 丶亠亠亠亠亨享享孰孰孰孰孰熟熟

考 생각할 고
총 6획 一十土耂考考

심 사 숙 고

深 思 熟 考

050 십중팔구

열 가운데 여덟이나 아홉 정도로 거의 대부분이거나 거의 틀림없다는 말이에요.

난 이렇게 써먹을 거야!

소리 내 읽으며 또박또박 따라 써 보세요.

十 열 십
총 2획 一 十

中 가운데 중
총 4획 丨 冂 口 中

八 여덟 팔
총 2획 丿 八

九 아홉 구
총 2획 丿 九

십	중	팔	구

十	中	八	九

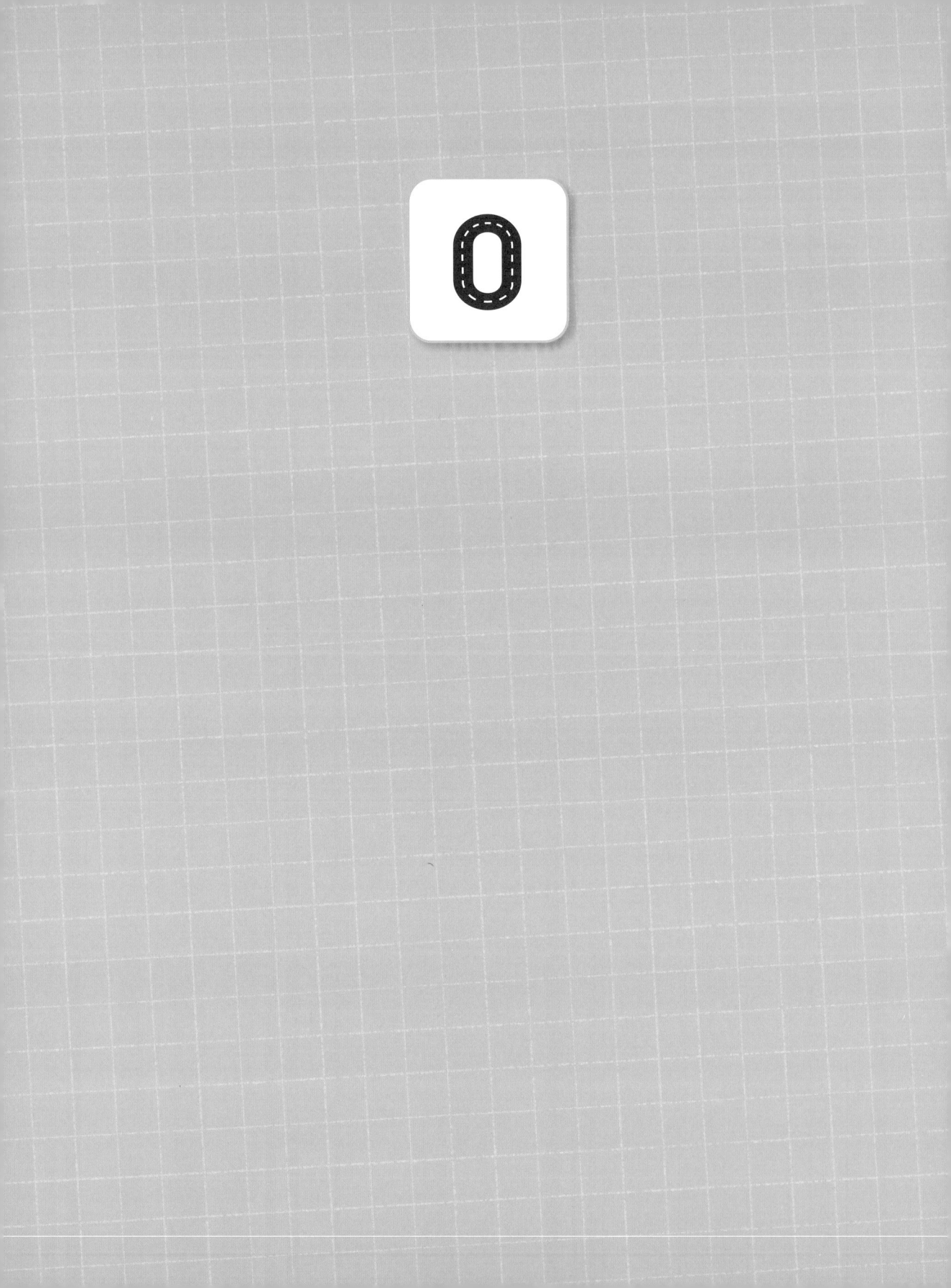

51 어부지리
52 역지사지
53 오리무중
54 오매불망
55 온고지신
56 와신상담
57 외유내강
58 용두사미
59 우왕좌왕
60 우유부단
61 우이독경
62 위풍당당
63 유비무환
64 이심전심
65 인과응보
66 인산인해
67 일거양득
68 일장춘몽
69 일취월장
70 임기응변
71 임전무퇴
72 입신양명

051 어부지리

두 사람이 이해관계로 서로 싸우는 사이에 엉뚱한 사람이 애쓰지 않고 이익을 가로챘다는 말이에요.

소리 내 읽으며 또박또박 따라 써 보세요.

漁 고기 잡을 어
총 14획 ｀ ｀ ｀ ｀ ｀ 氵 氵 氵 浐 浐 渔 渔 渔 漁 漁

夫 지아비(남편) 부
총 4획 一 二 キ 夫

之 갈 지
총 4획 ｀ 亠 之 之

利 이로울 리, 이
총 7획 一 二 千 千 禾 利 利

어 부 지 리

漁 夫 之 利

052 역지사지

처지를 바꾸어서 생각하여 본다는 말이에요. '처지'는 처하여 있는 사정이나 형편을 뜻해요.

난 이렇게 써먹을 거야!

소리 내 읽으며 또박또박 따라 써 보세요.

易 바꿀 역 — 총8획 丨 冂 冃 日 旦 르 易 易

地 땅 지 — 총6획 一 十 土 圵 地 地

思 생각 사 — 총9획 丨 冂 门 用 田 田 思 思 思

之 갈 지 — 총4획 ヽ 亠 ㇇ 之

역	지	사	지

易	地	思	之

053 오리무중

5리나 되는 짙은 안개 속에 있다는 뜻으로, 무슨 일에 대하여 방향이나 갈피를 잡을 수 없다는 말이에요.

소리 내 읽으며 또박또박 따라 써 보세요.

五 다섯 오	총 4획 一 丁 五 五

里 리(거리의 단위) 마을 리	총 7획 丨 口 日 日 旦 甲 里

霧 안개 무	총 19획 一 厂 厂 币 雨 雨 雨 雨 雨 雹 雾 雰 雰 雾 霧 霧 霧

中 가운데 중	총 4획 丨 口 口 中

오	리	무	중

五	里	霧	中

054 오매불망

자나 깨나 잊지 못한다는 말이에요.

소리 내 읽으며 또박또박 따라 써 보세요.

寤 잠깰 오 — 총 14획 ` ´ ⺁ ⺁ ⺁ ⺁ ⺁ ⺁ 宰 宰 寐 寐 寤 寤

寐 잠잘 매 — 총 12획 ` ´ ⺁ ⺁ ⺁ ⺁ ⺁ ⺁ 宰 宰 寐 寐

不 아닐 불 — 총 4획 一 ア 不 不

忘 잊을 망 — 총 7획 ` 亠 亡 忘 忘 忘

오	매	불	망

寤	寐	不	忘

125

055 온고지신

옛것을 익히고 그것을 미루어서 새것을 안다는 말이에요. '미루다'는 이미 알려진 것으로써 다른 것을 비추어 헤아린다는 뜻이에요.

소리 내 읽으며 또박또박 따라 써 보세요.

溫 쌓을(따뜻할) 온
총 13획 `丶 氵 氵 氵 汋 淠 淠 淠 溫 溫 溫 溫`

故 옛날 고
총 9획 `一 十 十 古 古 古 故 故`

知 알 지
총 8획 `丿 丨 仁 午 矢 矢 知 知`

新 새(새로울) 신
총 13획 `丶 ㇐ 亠 立 辛 亲 亲 新 新 新`

| 온 | 고 | 지 | 신 |

| 溫 | 故 | 知 | 新 |

056 와신상담

불편한 섶에 몸을 눕히고 쓸개를 맛본다는 뜻으로, 원수를 갚거나 마음먹은 일을 이루기 위하여 온갖 어려움과 괴로움을 참고 견딘다는 말이에요.

소리 내 읽으며 또박또박 따라 써 보세요.

臥 누울 와 — 총 8획 一 丆 丆 五 予 臣 臥 臥

薪 섶 신 — 총 16획 一 十 艹 艹 艹 艹 萨 荓 荓 荓 荓 薪 薪 薪 薪

嘗 맛볼 상 — 총 14획 丨 丷 肖 肖 肖 肖 尚 尚 尚 営 嘗 嘗 嘗 嘗

膽 쓸개 담 — 총 17획 丨 刀 月 月 月' 月^ 月゛ 朊 胪 胪 胪 朕 胪 膽 膽 膽 膽

와	신	상	담

臥	薪	嘗	膽

129

057 외유내강

겉으로는 부드럽고 순하게 보이나 속은 곧고 굳세다는 말이에요. '굳세다'는 뜻한 바를 굽히지 않고 밀고 나아가는 힘이 있다는 뜻이에요.

난 이렇게 써먹을 거야!

소리 내 읽으며 또박또박 따라 써 보세요.

外 바깥 외
총 5획 ノクタ外外

柔 부드러울 유
총 9획 フマア予柔柔柔柔柔

內 안 내
총 4획 丨冂内内

剛 굳셀 강
총 10획 丨冂冂冈冈冈岡岡剛剛

외 유 내 강

外 柔 內 剛

058 용두사미

용의 머리와 뱀의 꼬리라는 뜻으로, 처음은 왕성하나 끝이 부진한 현상을 뜻하는 말이에요. '왕성하다'는 기운이 한창 활발하다는 뜻이고, '부진하다'는 기세나 힘이 활발하지 않다는 뜻이에요.

> 그림을 그리려면 완벽한 준비가 필요해. 이제 그림을 그려 볼게.

> 멋져! 멋져!

> 이따가 구경 올게. 열심히 그려!

잠시 후

> 다 그렸다!!

> 뭐야? 그렇게 많은 도구를 준비하더니, 검정 펜으로 딸랑 나무 한 그루…

> 완전 용두사미군.

난 이렇게 써먹을 거야!

소리 내 읽으며 또박또박 따라 써 보세요.

龍 용(용, 룡)
총 16획 ` 亠 亠 产 音 音 音 音 龍 龍 龍 龍 龍

龍 龍

頭 머리 두
총 16획 一 ㄱ ㅠ 戸 戸 豆 豆 豆 豆 頭 頭 頭 頭 頭 頭 頭

頭 頭

蛇 긴 뱀 사
총 11획 丨 ㄇ ㅁ 中 虫 虫 虫 虵 虵 蛇 蛇

蛇 蛇

尾 꼬리 미
총 7획 一 ㄱ 尸 尸 尸 尾 尾

尾 尾

용	두	사	미

龍	頭	蛇	尾

059 우왕좌왕

이리저리 왔다 갔다 하며 일이나 나아가는 방향을 종잡지 못한다는 말이에요. '종잡다'는 짐작하다와 비슷한 말이에요.

소리 내 읽으며 또박또박 따라 써 보세요.

右 오른쪽 우
총 5획 ノ ナ オ 右 右

往 갈 왕
총 8획 ノ ク 彳 彳 彳 彳 往 往

左 왼쪽 좌
총 5획 一 ナ 尢 尢 左

往 갈 왕
총 8획 ノ ク 彳 彳 彳 彳 往 往

우왕좌왕　右往左往

060 우유부단

어물어물 망설이기만 하고 결단성이 없다는 말이에요. '결단성'은 결정적인 판단을 하거나 단정을 내릴 수 있는 능력을 말해요.

소리 내 읽으며 또박또박 따라 써 보세요.

優 넉넉할 우
총 17획 ノ亻亻仁伫伫俨俨俨傻傻傻傻優優優優

柔 부드러울 유
총 9획 フマ予予矛柔柔柔柔

不 아닐 부
총 4획 一ナイ不

斷 끊을 단
총 18획 ⺊⺊⺊⺊⺊⺊⺊⺊⺊⺊⺊⺊⺊⺊⺊⺊⺊⺊

| 우 | 유 | 부 | 단 | | 優 | 柔 | 不 | 斷 |

061 우이독경

소귀에 경 읽기라는 뜻으로, 아무리 가르치고 일러 주어도 알아듣지 못한다는 말이에요.

소리 내 읽으며 또박또박 따라 써 보세요.

牛 소 우
총 4획 ノ 一 二 牛

耳 귀 이
총 6획 一 丅 下 下 耳 耳

讀 읽을 독
총 22획 ` 、 一 ㄹ 宁 言 言 言 言 言 请 请 请 请 请 请 请 请 请 请 读

經 글 경
총 13획 ` 幺 幺 牟 糸 糸 糽 經 經 經 經 經

우	이	독	경

牛	耳	讀	經

062 위풍당당

풍채나 기세가 위엄 있고 떳떳하다는 말이에요. '풍채'는 드러나 보이는 사람의 겉모양을 뜻하는 말이에요.

소리 내 읽으며 또박또박 따라 써 보세요.

威 위엄 위
총 9획) 厂 厂 斤 反 反 威 威 威

威 威

風 바람 풍
총 9획) 几 凡 凡 同 同 風 風 風

風 風

堂 당당할(집) 당
총 11획 ' ' ' ' ' ' ' ' ' 堂 堂 堂

堂 堂

堂 당당할(집) 당
총 11획 ' ' ' ' ' ' ' ' ' 堂 堂 堂

堂 堂

위	풍	당	당

威	風	堂	堂

063 유비무환

미리 준비되어 있으면 걱정할 것이 없다는 말이에요.

난 이렇게 써먹을 거야!

소리 내 읽으며 또박또박 따라 써 보세요.

有 있을 유
총 6획 ノ ナ オ 冇 有 有

備 갖출 비
총 12획 ノ 亻 亻 仁 仲 併 併 併 俌 備 備 備

無 없을 무
총 12획 ノ 一 二 仁 무 無 無 無 無 無 無

患 근심 환
총 11획 丶 ㄇ ㄇ 口 吕 串 串 患 患 患

유 비 무 환

有 備 無 患

064 이심전심

마음과 마음으로 서로 뜻이 통한다는 말이에요. 반대되는 속담은 '말 안 하면 귀신도 모른다'가 있어요.

"쎄쎄구나, 어디 가는 길이야?"

"사람 찾으러 가는 길이었어."

"오잉?"

"너무 심심해서 같이 놀아 줄 사람을 찾고 있어."

"앗, 나도 그래서 밖으로 나온 건데!"

"흑흑, 우리 마음이 통했나 봐!"

"역시 우린 이심전심이야!"

소리 내 읽으며 또박또박 따라 써 보세요.

써 이 — 以
총 5획 丨 ㇄ ㇄ 以 以

마음 심 — 心
총 4획 丶 亅 心 心

전할 전 — 傳
총 13획 丿 亻 亻 亻 侟 侟 侟 侟 侟 傳 傳 傳 傳

마음 심 — 心
총 4획 丶 亅 心 心

이 심 전 심

以 心 傳 心

065 인과응보

자신이 저지른 잘못에 대한 대가를 나중에 치르게 된다는 뜻이에요.

잠시 후

난 이렇게 써먹을 거야!

소리 내 읽으며 또박또박 따라 써 보세요.

因 인할 인	총6획 ㅣ 冂 冂 円 因 因

果 결과(열매) 과	총8획 ㅣ 冂 冂 日 田 早 果 果

應 응할 응	총17획 ㆍ 广 广 广 庁 庁 庐 庐 庐 庐 雁 雁 雁 應 應 應

報 갚을 보	총12획 一 十 土 ㅎ ㅎ ㅎ ㅎ 幸 幸 ㅤ 報 報

인과응보

因果應報

066 인산인해

사람이 산을 이루고 바다를 이루었다는 뜻으로, 사람이 수없이 많이 모인 상태를 말해요. 비슷한 사자성어는 '문전성시'가 있어요.

소리 내 읽으며 또박또박 따라 써 보세요.

人 사람 인 — 총 2획 ノ 人

山 산 산 — 총 3획 丨 山 山

人 사람 인 — 총 2획 ノ 人

海 바다 해 — 총 10획 丶 丶 氵 氵 广 汇 海 海 海 海

인 산 인 해

人 山 人 海

067 일거양득

한 가지 일을 하여 두 가지 이익을 얻는다는 말이에요. 비슷한 속담은 '꿩 먹고 알 먹기', '도랑 치고 가재 잡는다'가 있어요.

소리 내 읽으며 또박또박 따라 써 보세요.

一 한(하나) 일
총 1획 一

擧 들 거
총 18획 ´ ⌐ ⌐ ㅌ ㅌ 臼 臼 臼 臼 阿 阿 阿 與 與 與 與 擧 擧

兩 두 양·량
총 8획 一 ㄱ ㄲ 币 币 兩 兩 兩

得 얻을 득
총 11획 ´ ⌐ ㅓ ㅓ ㅓㄱ ㅓㄱ ㅓㄹ 得 得 得 得

일 거 양 득   一 擧 兩 得

068 일장춘몽

한바탕의 봄꿈이라는 뜻으로, 헛된 명성이나 덧없는 일을 뜻하는 말이에요. '헛되다'는 아무 보람이나 실속이 없다는 뜻이고, '덧없다'는 보람이나 쓸모가 없어 헛되고 허전하다는 뜻이에요.

헤헤헤, 대왕 딱지 내가 다 땄다!

더 도전할 사람 없어?

그만할 거야! 딱지도 없단 말이야.

잠깐, 나랑 한 판 붙자!

도전!

다다다다~

참 이 저 딱지만 있으면 완벽해!

좋아, 붙자!!

잠시 후

흑흑, 욕심이 너무 과했어. 결국 일장춘몽이었구나.

더 없지? 나 먼저 간다.

난 이렇게 써먹을 거야!

소리 내 읽으며 또박또박 따라 써 보세요.

一 한(하나) 일
총 1획 一

場 마당 장
총 12획 一 十 土 𡉏 𡉣 圩 坦 埸 埸 場 場 場

春 봄 춘
총 9획 一 二 三 𡗗 夫 夫 春 春 春

夢 꿈 몽
총 13획 一 𠂇 𦭝 𦭯 芦 芍 苜 苜 荳 荳 夢 夢 夢

일 장 춘 몽

一 場 春 夢

069 일취월장

나날이 다달이 자라거나 발전한다는 말이에요.

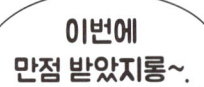

소리 내 읽으며 또박또박 따라 써 보세요.

日 날 일
총 4획 丨 冂 日 日

就 나아갈 취
총 12획 丶 亠 亠 古 古 亨 亨 京 京 尤 就 就

月 달 월
총 4획 丿 刀 月 月

將 발전할(장수) 장
총 11획 丨 丬 丬 扌 扩 护 护 捋 捋 將 將

일	취	월	장

日	就	月	將

070 임기응변

그때그때 처한 사태에 맞추어 즉각 그 자리에서 결정하거나 처리한다는 말이에요. 경우에 따라 재치 있게 대응하는 지혜인 '기지'라는 비슷한 말이 있어요.

- 모네가 외국인이랑 대화하고 있잖아?
- 모네가 저렇게 영어를 잘했었나?
- 나 영어 잘 못하는데!
- 근데 어떻게 외국인이랑 그렇게 대화를 한 거야?
- 뜨헉!
- 바로 이거! 짠!
- 완벽 영어번역
- 휴대폰으로 번역 기능을 좀 사용했지!
- 모네는 정말 센스가 있구나.
- 임기응변에 좀 능할 뿐이야.

난 이렇게 써먹을 거야!

소리 내 읽으며 또박또박 따라 써 보세요.

臨 임할 임, 림 — 총 17획

機 틀 기 — 총 16획

應 응할 응 — 총 17획

變 변할 변 — 총 23획

임 기 응 변 　 臨 機 應 變

071 임전무퇴

세속 오계의 하나로, 전쟁에서 물러서지 않는다는 말이에요. '세속 오계'는 신라 화랑의 다섯 가지 계율이에요.

소리 내 읽으며 또박또박 따라 써 보세요.

臨 임할 임, 림
총 17획 ㅣ ㄱ ㄷ ㄹ ㅋ 臣 臣 臣' 臣" 臣ㅁ 臣ㅁ 臣品 臣品 臨 臨 臨
臨 臨

戰 싸움 전
총 16획 ' ㅣ ㅁ ㅁㅁ ㅁㅁㅁ ㅁㅁㅁ ㅁㅁㅁ 甲 冒 置 單 單 戰 戰 戰
戰 戰

無 없을 무
총 12획 ノ ㄴ ㄷ ㄷ ㄷㅑ 無 無 無 無 無 無
無 無

退 물러날 퇴
총 10획 ㄱ ㅋ ㅋ ㅋ 艮 艮 艮 退 退 退
退 退

임	전	무	퇴

臨	戰	無	退

072 입신양명

출세하여 이름을 세상에 떨친다는 말이에요. '출세'는 사회적으로 높은 지위에 오르거나 유명하게 된다는 뜻이에요.

난 이렇게 써먹을 거야!

소리 내 읽으며 또박또박 따라 써 보세요.

立 설 입, 립
총5획 `丶 亠 亣 立 立`
立 立

身 몸 신
총7획 `丿 亻 冂 冋 冐 身 身`
身 身

揚 날릴 양
총12획 `一 十 扌 扌 扩 护 护 护 押 拐 揚 揚`
揚 揚

名 이름 명
총6획 `丿 ク タ タ 名 名`
名 名

입	신	양	명

立	身	揚	名

ㅈㅊ
ㅌㅍㅎ

- 73 자업자득
- 74 자포자기
- 75 작심삼일
- 76 적반하장
- 77 전화위복
- 78 조삼모사
- 79 좌정관천
- 80 좌충우돌
- 81 주객전도
- 82 죽마고우
- 83 지피지기
- 84 천고마비
- 85 청출어람
- 86 초지일관
- 87 촌철살인
- 88 칠전팔기
- 89 침소봉대
- 90 타산지석
- 91 토사구팽
- 92 파죽지세
- 93 풍비박산
- 94 풍전등화
- 95 학수고대
- 96 함흥차사
- 97 형설지공
- 98 호시탐탐
- 99 화룡점정
- 100 희로애락

073 자업자득

자기가 저지른 일의 결과를 자기가 받는다는 말이에요. 비슷한 사자성어는 '인과응보'가 있어요.

두야야, 왜 화장실 청소를 하고 있어?

어제 청소 안 해서 칠판에 이름이 적혔거든.

그래서 벌로 이틀 동안 화장실 청소야.

어이구~~, 자업자득이잖아.

항상 약속을 지키는 습관을 가지라고.

난 이렇게 써먹을 거야!

소리 내 읽으며 또박또박 따라 써 보세요.

自 스스로 자
총 6획 ´ 亻 冂 自 自 自

業 업 업
총 13획 ` ` ` ` ` ` ` ` ` ` ` ` 業

自 스스로 자
총 6획 ´ 亻 冂 自 自 自

得 얻을 득
총 11획 ´ ´ 彳 彳 彳 彳 彳 得 得 得 得

자 업 자 득

自 業 自 得

074 자포자기

절망에 빠져 자신을 스스로 포기하고 돌아보지 않는다는 말이에요.

소리 내 읽으며 또박또박 따라 써 보세요.

自 스스로 자
총 6획 ´ ⎿ ⎿ 自 自 自

暴 해칠(사나울) 포
총 15획 ㅣ ㄇ ㅁ 日 旦 早 묘 묘 묘 暴 暴 暴 暴 暴

自 스스로 자
총 6획 ´ ⎿ ⎿ 自 自 自

棄 버릴 기
총 12획 ´ ㅗ ㅗ 产 产 产 弃 弃 奔 棄 棄 棄

자 포 자 기

自 暴 自 棄

075 작심삼일

단단히 먹은 마음이 사흘을 가지 못한다는 뜻으로, 결심이 굳지 못하다는 말이에요. '굳다'는 흔들리거나 바뀌지 아니할 만큼 힘이나 뜻이 강하다는 뜻이에요.

난 이렇게 써먹을 거야!

소리 내 읽으며 또박또박 따라 써 보세요.

作 지을 작	총 7획 ノ 亻 亻 仁 仵 作 作
	作 作

心 마음 심	총 4획 丶 心 心 心
	心 心

三 석 삼	총 3획 一 二 三
	三 三

日 날 일	총 4획 丨 冂 日 日
	日 日

작	심	삼	일

作	心	三	日

076 적반하장

도둑이 도리어 매를 든다는 뜻으로, 잘못한 사람이 아무 잘못도 없는 사람을 나무란다는 말이에요. 비슷한 속담은 '방귀 뀐 놈이 성낸다'가 있어요.

소리 내 읽으며 또박또박 따라 써 보세요.

賊 도둑 **적**
총 13획 丨 冂 冃 冃 目 貝 貝 貯 貯 賊 賊 賊
賊 賊

反 돌아올 **반**
총 4획 一 厂 反 反
反 反

荷 꾸짖을 **하**
총 10획 一 十 艹 艹 艹 茾 茾 荷 荷 荷
荷 荷

杖 지팡이 **장**
총 7획 一 十 才 オ 木 杧 杖
杖 杖

적	반	하	장

賊	反	荷	杖

171

077 전화위복

재앙과 근심, 걱정이 바뀌어 오히려 복이 된다는 말이에요.

난 이렇게 써먹을 거야!

소리 내 읽으며 또박또박 따라 써 보세요.

轉 바꿀(구를) 전
총 18획 一 厂 厂 百 百 亘 車 車 車 車 軒 軒 軒 軔 軔 輒 轉 轉

禍 재앙 화
총 14획 一 二 亍 亍 ネ ネ ネ 祁 袒 袒 袒 禍 禍 禍

爲 할 위
총 12획 ノ 丷 丷 丷 丷 爫 爫 爲 爲 爲 爲 爲

福 복 복
총 14획 一 二 亍 亍 ネ ネ ネ ネ 祀 祠 袹 福 福 福

전	화	위	복

轉	禍	爲	福

078 조삼모사

간사한 꾀로 남을 속인다는 말이에요. 비슷한 속담은 '눈 가리고 아웅', '제 꾀에 제가 넘어간다'가 있어요.

소리 내 읽으며 또박또박 따라 써 보세요.

朝 아침 조
총 12획 一 十 十 古 吉 吉 直 卓 朝 朝 朝 朝
| 朝 | 朝 | | | | |

三 석 삼
총 3획 一 二 三
| 三 | 三 | | | | |

暮 저물 모
총 14획 一 十 十 广 芢 芢 苩 莒 莫 莫 莫 幕 暮 暮
| 暮 | 暮 | | | | |

四 넉 사
총 5획 丨 冂 四 四 四
| 四 | 四 | | | | |

| 조 | 삼 | 모 | 사 |
| | | | |

| 朝 | 三 | 暮 | 四 |
| | | | |

079 좌정관천

우물 속에 앉아서 하늘을 본다는 뜻으로, 사람의 견문이 매우 좁다는 말이에요. '견문'은 보거나 듣고 깨달아 얻은 지식을 뜻해요.

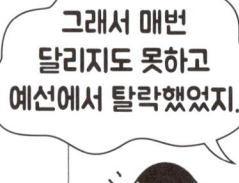
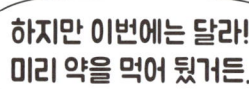

난 이렇게 써먹을 거야!

소리 내 읽으며 또박또박 따라 써 보세요.

坐 앉을 좌
총 7획 ノ 丶 丷 㘳 坐 坐 坐

井 우물 정
총 4획 一 二 ナ 井

觀 볼 관
총 24획

天 하늘 천
총 4획 一 二 干 天

좌	정	관	천

坐	井	觀	天

080 좌충우돌

이리저리 마구 부딪치거나 아무에게나 또는 아무 일에나 함부로 맞닥뜨린다는 말이에요.

캠핑 중

잠시 후

난 이렇게 써먹을 거야!

소리 내 읽으며 또박또박 따라 써 보세요.

左 왼쪽 좌
총 5획 ー ナ ナ 左 左

衝 찌를 충
총 15획 ノ ノ 彳 彳 彳 彳 衍 衍 衍 衍 衝 衝 衝 衝 衝

右 오른쪽 우
총 5획 ノ ナ ナ 右 右

突 부딪칠(갑자기) 돌
총 9획 丶 丶 宀 宀 宀 空 空 突 突

좌	충	우	돌

左	衝	右	突

179

081 주객전도

주인과 손님의 위치가 뒤바뀐다는 말이에요.

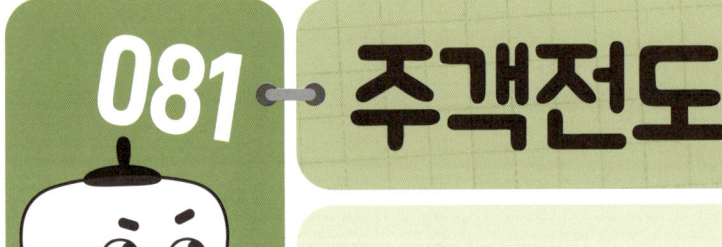

소리 내 읽으며 또박또박 따라 써 보세요.

主 주인 주
총 5획 `丶亠宁主主`

客 손 객
총 9획 `丶丶宀宁宁宁安客客`

顚 거꾸로 할 (엎드러질) 전
총 19획

倒 거꾸로 될 (넘어질) 도
총 10획 `丿亻亻亻亻亻亻倒倒倒`

주 객 전 도

主 客 顚 倒

082 죽마고우

대말을 타고 놀던 벗이라는 뜻으로, 어릴 때부터 같이 놀며 자란 벗을 말해요. '벗'이란 친구를 뜻해요.

— 이구동성 게임에 도전한다!

— 짜장, 짬뽕? 하나, 둘, 셋!
— 짬뽕!
— 짜장!

— 다음! 산, 계곡? 하나, 둘, 셋!
— 산!
— 계곡!
— 푸풉. 하나도 안 맞잖아!

— 마지막으로 공부, 놀기!! 하나, 둘, 셋!
— 그거야 당연히 놀기지!
— 역시 우린 죽마고우.
— 어휴~.

난 이렇게 써먹을 거야!

소리 내 읽으며 또박또박 따라 써 보세요.

竹 대 죽
총6획 ノ 丿 ⺮ ⺮ ⺮ 竹

馬 말 마
총10획 丨 厂 厂 丆 甼 馬 馬 馬 馬 馬

故 옛날 고
총9획 一 十 十 古 古 古 古 故 故

友 벗 우
총4획 一 ナ 方 友

죽	마	고	우

竹	馬	故	友

083 지피지기

적의 사정과 나의 사정을 자세히 알고 있다는 말이에요.

난 이렇게 써먹을 거야!

소리 내 읽으며 또박또박 따라 써 보세요.

| 知 알 지 | 총8획 ノ ト ┗ 乍 矢 知 知 知 | 知 | 知 | | | | |

| 彼 저쪽 피 | 총8획 ノ ノ 彳 彳 彳 彷 彷 彼 | 彼 | 彼 | | | | |

| 知 알 지 | 총8획 ノ ト ┗ 乍 矢 知 知 知 | 知 | 知 | | | | |

| 己 자기(몸) 기 | 총3획 フ コ 己 | 己 | 己 | | | | |

| 지 | 피 | 지 | 기 |

| 知 | 彼 | 知 | 己 |

185

084 천고마비

하늘이 높고 말이 살찐다는 뜻으로, 하늘이 맑아 높푸르게 보이고 온갖 곡식이 익는 가을철을 말해요.

난 이렇게 써먹을 거야!

소리 내 읽으며 또박또박 따라 써 보세요.

天 하늘 천
총 4획 一 二 于 天
| 天 | 天 | | | | |

高 높을 고
총 10획 ` 亠 宁 肓 肓 亭 高 高 高 高
| 高 | 高 | | | | |

馬 말 마
총 10획 丨 厂 厂 F F 馬 馬 馬 馬 馬
| 馬 | 馬 | | | | |

肥 살찔 비
총 8획) 刀 月 月 月⁻ 月ㅋ 肥 肥
| 肥 | 肥 | | | | |

천	고	마	비

天	高	馬	肥

085 청출어람

쪽에서 뽑아낸 푸른 물감이 쪽보다 더 푸르다는 뜻으로, 제자나 후배가 스승이나 선배보다 나음을 뜻하는 말이에요.

난 이렇게 써먹을 거야!

소리 내 읽으며 또박또박 따라 써 보세요.

青 푸를 청
총 8획 一 十 土 丰 丰 青 青 青
青 青

出 날 출
총 5획 丨 屮 屮 出 出
出 出

於 어조사 어
총 8획 ' ㅗ 方 方 方 於 於 於
於 於

藍 쪽 람, 남
총 17획
藍 藍

청	출	어	람

青	出	於	藍

086 초지일관

처음에 세운 뜻을 끝까지 밀고 나간다는 말이에요. 비슷한 사자성어는 '시종일관'이 있어요.

소리 내 읽으며 또박또박 따라 써 보세요.

初 처음 초
총 7획 ` ㄱ ㄲ ㄲ ㄲ 衤 初初

志 뜻 지
총 7획 一 十 士 吉 志 志 志

一 한(하나) 일
총 1획 一

貫 꿸 관
총 11획 ㄴ ㄲ ㅁ ㅁ 毌 毌 冊 冊 冊 貫 貫

초 지 일 관

初 志 一 貫

087 촌철살인

한 치의 쇠붙이로도 사람을 죽일 수 있다는 뜻으로, 간단한 말로도 남을 감동하게 하거나 남의 약점을 찌를 수 있다는 말이에요.

소리 내 읽으며 또박또박 따라 써 보세요.

寸 마디 촌 — 총 3획 一 寸 寸

鐵 쇠 철 — 총 21획

殺 죽일 살 — 총 11획

人 사람 인 — 총 2획 丿 人

| 촌 | 철 | 살 | 인 |

| 寸 | 鐵 | 殺 | 人 |

088 칠전팔기

일곱 번 넘어지고 여덟 번 일어난다는 뜻으로, 여러 번 실패하여도 굴하지 아니하고 꾸준히 노력한다는 말이에요.

난 이렇게 써먹을 거야!

소리 내 읽으며 또박또박 따라 써 보세요.

七 일곱 칠
총 2획 一 七
七 七

顚 거꾸로 할 (엎드러질) 전
총 19획 ⺊ ⺊ ⺊ ⺊ ⺊ ⺊ 旦 直 眞 眞 眞 顛 顛 顛 顛 顚
顚 顚

八 여덟 팔
총 2획 ノ 八
八 八

起 일어날 기
총 10획 一 十 土 キ キ 走 走 起 起 起
起 起

칠	전	팔	기

七	顚	八	起

089 침소봉대

작은 일을 크게 불리어 떠벌린다는 말이에요. 실제보다 지나치게 과장하여 믿음성이 없는 말이나 행동을 '허풍'이라고 하지요.

- 이 집에는 정말 무서운 괴물이 살고 있대.
- 머리엔 뿔이 있고, 온몸은 시커먼 털로 덮여 있대!
- 괴… 괴물…
- 래… 래야야, 저기!!
- 근데 래야는 어디 갔어?
- 침소봉대하더니 저기 도망가고 있네.
- 뭐야? 괴물이 아니라 흑염소였구나.

소리 내 읽으며 또박또박 따라 써 보세요.

針 바늘 침	총 10획 ノ ケ ヒ ヒ 午 年 余 金 金 針
	針 針

小 작을 소	총 3획 亅 小 小
	小 小

棒 막대(몽둥이) 봉	총 12획 一 十 オ 木 木 朾 杧 棒 棒 棒 棒 棒
	棒 棒

大 큰 대	총 3획 一 ナ 大
	大 大

침	소	봉	대

針	小	棒	大

090 타산지석

다른 산의 나쁜 돌이라도 자기 산의 옥돌을 가는 데에 쓸모가 있다는 뜻으로, 남의 하찮은 말이나 행동도 자신을 수양하는 데에 도움이 될 수 있다는 말이에요.

두야야, 치과 같이 가 줄래?

(욱신 욱신)

어제 래야가 치과를 같이 가자고 했거든.

양치를 제대로 안 해서 치료할 게 많네요.

진료를 시작하고….

조금 아플 거예요. 시작할게요.

끄아아아악~~.

(진료실)

그때부터 래야의 비명이 계속되었지.

그걸 보고 나니 이제 양치를 잘 해야겠다는 생각이 들더라.

하하하~, 래야를 보고 타산지석으로 삼았구나! 잘했어.

난 이렇게 써먹을 거야!

소리 내 읽으며 또박또박 따라 써 보세요.

他 다를 타	총5획 ノ イ 亻 他 他

山 산 산	총3획 丨 山 山

之 갈 지	총4획 丶 亠 之 之

石 돌 석	총5획 一 ア 不 石 石

타 산 지 석

他 山 之 石

091 토사구팽

토끼가 죽으면 토끼를 잡던 사냥개도 필요 없게 되어 주인에게 삶아 먹히게 된다는 뜻으로, 필요할 때는 쓰고 필요 없을 때는 야박하게 버린다는 말이에요.

"시골 화장실은 너무 무서워."

"기다려 줘서 고마워. 네 덕분에 잘 해결했어, 히히~."

"찹이야, 나도 갑자기 배가 아픈데, 좀 기다려 줄래?"

"응~, 알았어. 다녀와!"

"찹이야~, 먼저 간 거 아니지?"

왜 대답이 없지?

자체 모자이크

썰~렁
휙

역시나… 토사구팽당했군.

난 이렇게 써먹을 거야!

소리 내 읽으며 또박또박 따라 써 보세요.

兔 토끼 토
총 8획 ノ ク ク 乃 乃 存 免 兔

死 죽을 사
총 6획 一 ァ 歹 歹 死 死

狗 개 구
총 8획 ノ イ 犭 犭 狗 狗 狗 狗

烹 삶을 팽
총 11획 一 亠 亡 吉 亨 亨 亨 烹 烹 烹

토	사	구	팽

兔	死	狗	烹

092 파죽지세

대를 쪼개는 기세라는 뜻으로, 적을 거침없이 물리치고 쳐들어가는 기세를 말해요.

이번 팔씨름도 래야, 승!

자~, 5연승을 하고 있는 래야!

이런 파죽지세의 래야에게 또 도전해 볼 사람?

나도 졌어….

두야야, 괜찮겠어?

내가 도전할게!

이번에도 래야가 이기겠군.

당연하지!

깐죽 깐죽

도전!

소리 내 읽으며 또박또박 따라 써 보세요.

破 깨뜨릴 파 — 총 10획 ㄧ ㄏ ㄤ 石 石 矴 矴 砂 砂 破

竹 대 죽 — 총 6획 丿 ㄥ ㄅ 竹 竹 竹

之 갈 지 — 총 4획 丶 亠 ㄅ 之

勢 형세(기세) 세 — 총 13획 一 十 土 𠃌 夫 坴 坴 坴 坴 執 執 勢 勢

파 죽 지 세

破 竹 之 勢

093 풍비박산

사방으로 날아 흩어진다는 말이에요.

소리 내 읽으며 또박또박 따라 써 보세요.

風 바람 풍
총 9획 ノ 几 凡 凡 凨 同 風 風 風

飛 날 비
총 9획 ㇇ ㇇ ㇇ 下 下 飛 飛 飛 飛

雹 우박 박
총 13획 一 厂 戶 币 币 雨 雨 雩 雹 雹 雹 雹

散 흩을 산
총 12획 一 十 卄 쓰 芇 昔 昔 背 背 散 散 散

풍	비	박	산

風	飛	雹	散

094 풍전등화

바람 앞의 등불이라는 뜻으로, 사물이 매우 위태로운 처지에 놓여 있다는 말이에요.

風 바람 풍 — 총 9획 ノ 几 凡 凡 凨 同 風 風 風

前 앞 전 — 총 9획 丶 丷 前 前 前 前 前 前 前

燈 등(등잔) 등 — 총 16획 丶 丶 丷 火 灯 灯 灯 灯 烃 烃 烃 燈 燈 燈 燈 燈

火 불 화 — 총 4획 丶 丶 丷 火

풍 전 등 화

風 前 燈 火

095 학수고대

학의 목처럼 목을 길게 빼고 간절히 기다린다는 말이에요.

"빨리 토요일이 왔으면 좋겠어."
"왜 토요일을 그렇게 학수고대하는 거야? 어디 놀러 가?"

"아니, 그날은 그냥 집에만 있을 건데."

토요일

"아~~, 좋아. 침대가 짱이야!"

"어떤 주말은 이렇게 침대에서 쉬는 게 제일 기다려질 때도 있다고."

난 이렇게 써먹을 거야!

소리 내 읽으며 또박또박 따라 써 보세요.

鶴 학
총 21획 ノ 厂 产 产 产 产 䧹 隺 隺 隺 隺 鹤 鹤 鹤 鹤 鹤 鹤 鶴 鶴 鶴 鶴

首 머리 수
총 9획 丶 丷 ソ 十 产 首 首 首 首

苦 오래 계속될(쓸) 고
총 8획 一 十 艹 艹 + 苦 苦 苦

待 기다릴 대
총 9획 ノ ク 彳 彳 行 行 待 待 待

학	수	고	대

鶴	首	苦	待

096 함흥차사

심부름을 하러 가서 오지 아니하거나 늦게 온 사람을 이르는 말이에요.

소리 내 읽으며 또박또박 따라 써 보세요.

咸 다 함
총 9획) 厂 厂 厂 厂 厂 咸 咸 咸

興 일(일어날) 흥
총 16획 ′ ′ ′ ′ ′ 於 於 舶 舶 舶 舶 興 興 興

差 어긋날(다를) 차
총 10획 ` ` ′ ″ ″ 差 差 差 差 差

使 부릴 사
총 8획 ノ 亻 亻 亻 乍 乍 使 使

함 흥 차 사

咸 興 差 使

097 형설지공

반딧불과 눈이 함께하는 노력이라는 뜻으로, 고생을 하면서 부지런하고 꾸준하게 공부하는 자세를 말해요.

난 이렇게 써먹을 거야!

소리 내 읽으며 또박또박 따라 써 보세요.

螢 반딧불이 형
총 16획

雪 눈(흰) 설
총 11획

之 갈 지
총 4획

功 공(공로) 공
총 5획

형설지공

螢雪之功

098 호시탐탐

범이 눈을 부릅뜨고 먹이를 노려본다는 뜻으로, 남의 것을 빼앗기 위하여 형세를 살피며 가만히 기회를 엿본다는 말이에요.

> 두야야, 왜 그렇게 두리번거리면서 호빵을 먹어?

> 누군가 호시탐탐 내 호빵을 노리는 느낌이야.

> 아까부터 누군가 훔쳐보는 것 같아.

> 아닐 거야. 둘러봐도 아무도 없잖아.

난 이렇게 써먹을 거야!

소리 내 읽으며 또박또박 따라 써 보세요.

虎 범 호
총 8획 ｜ ｜ ｜ ｜ 户 户 虎 虎

視 볼 시
총 12획 ｜ ｜ ｜ ｜ 示 初 初 神 神 神 視 視

眈 노려볼 탐
총 9획 ｜ ｜ ｜ ｜ 目 目 旷 旷 眈

眈 노려볼 탐
총 9획 ｜ ｜ ｜ ｜ 目 目 旷 旷 眈

호 시 탐 탐

虎 視 眈 眈

099 화룡점정

무슨 일을 하는 데에 가장 중요한 부분을 완성한다는 말이에요.

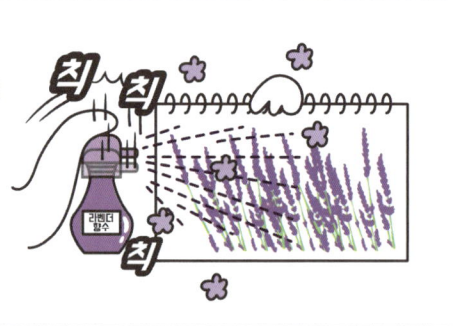

소리 내 읽으며 또박또박 따라 써 보세요.

畫 그릴(그림) 화
총 12획 　一　一　二　尹　聿　書　書　書　畫　畫

龍 용 룡, 용
총 16획 　亠　亠　立　产　产　育　育　育　寵　龍　龍　龍　龍

點 점 점
총 17획 　丨　冂　曱　曱　里　里　里　黒　黒　黒　黒　點　點　點　點

睛 눈동자 정
총 13획 　丨　冂　目　目　目　旷　旷　睛　睛　睛　睛

| 화 | 룡 | 점 | 정 |

| 畫 | 龍 | 點 | 睛 |

100 희로애락

기쁨과 노여움과 슬픔과 즐거움을 아울러 부르는 말이에요.

> 찹이야, 이 마카롱 진짜 맛있는 거야. 너 줄게!

> 정말? 고마워!!

> 찹이야! 내가 대신 먹을게, 킥킥.

> 내 마카롱 내놔!! 나를 화나게 하다니!

> 미안. 다 먹어 버렸네.

> 오늘은 친구들이 희로애락을 모두 느끼게 하는구나.

> 흐잉, 내 마카롱.

난 이렇게 써먹을 거야!

소리 내 읽으며 또박또박 따라 써 보세요.

喜 기쁠 희
총 12획   一 十 丰 吉 吉 吉 吉 吉 壴 享 喜 喜

怒 성낼 로, 노
총 9획   乚 夊 女 奴 奴 奴 怒 怒 怒

哀 슬플 애
총 9획   丶 亠 亠 吉 吉 吉 亨 享 哀

樂 즐길 락, 낙
총 15획   ´ ´ 冂 甪 甪 甪 甪 绐 绐 樂 樂 樂 樂

희 로 애 락

喜 怒 哀 樂

읽으면서 바로 써먹는
어린이 고사성어 따라쓰기

초판 2쇄 2024년 5월 14일
초판 1쇄 2024년 3월 11일

글·그림 한날

펴낸이 정태선
펴낸곳 파란정원
출판등록 제395-2010-000070호
주소 서울특별시 은평구 가좌로 175, 5층
전화 02-6925-1628 | **팩스** 02-723-1629
제조국 대한민국 | **사용연령** 8세 이상 어린이
홈페이지 www.bluegarden.kr | **전자우편** eatingbooks@naver.com
종이 다올페이퍼 | **인쇄** 조일문화인쇄사 | **제본** 경문제책사

글·그림ⓒ2024 한날
ISBN 979-11-5868-283-5 74700
ISBN 979-11-5868-255-2 74700(세트)
*이 책에 사용된 고사성어와 낱말의 뜻은 국립국어원 표준국어대사전을 기초로 하였습니다.

이 책은 저작권법에 따라 보호받는 저작물이므로 무단 전재와 무단 복제를 금지하며,
이 책 내용의 전부 또는 일부를 이용하려면 반드시 저작권자와 파란정원(자매사 책먹는아이·새를기다리는숲)의 동의를 얻어야 합니다.
*잘못된 책은 구입하신 서점에서 바꿔 드립니다.